Impressum
Verlag: BABADADA GmbH, Nedderfeld 112 , 22529 Hamburg
Geschäftsführer / Verlagsleitung: Harald Hof
Druck: Books on Demand GmbH, In de Tarpen 42, 22848 Norderstedt

Imprint
Publisher: BABADADA GmbH, Nedderfeld 112 , 22529 Hamburg, Germany
Managing Director / Publishing direction: Harald Hof
Print: Books on Demand GmbH, In de Tarpen 42, 22848 Norderstedt, Germany

škola

skola

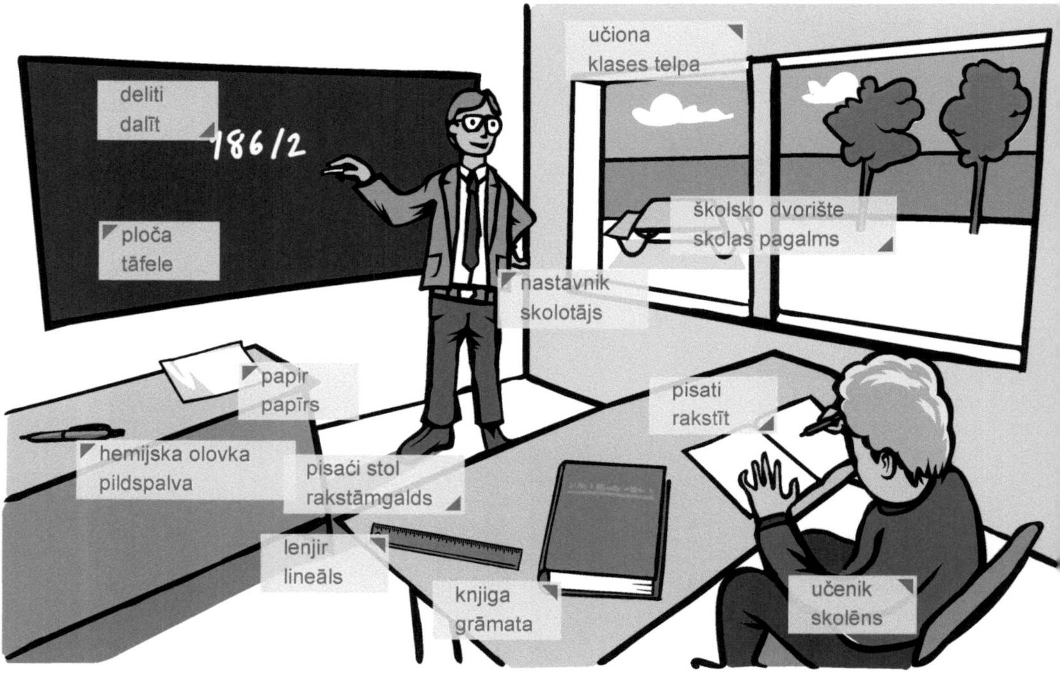

učiona
klases telpa
deliti
dalīt
186/2
ploča
tāfele
školsko dvorište
skolas pagalms
nastavnik
skolotājs
papir
papīrs
pisati
rakstīt
hemijska olovka
pildspalva
pisaći stol
rakstāmgalds
lenjir
lineāls
knjiga
grāmata
učenik
skolēns

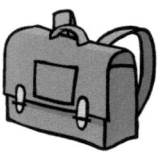

torba

skolas soma

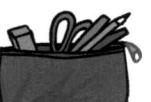

pernica

penālis

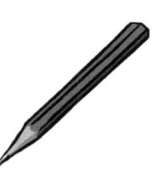

grafitna olovka

zīmulis

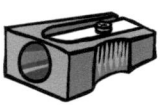

šiljilo za olovke

zīmuļu asināmais

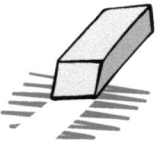

gumica za brisanje

dzēšgumija

blok za crtanje

zīmēšanas bloks

crtež
zīmējums

kist
ota

kutija sa bojama
krāsas

makaze
šķēres

lepilo
līme

beležnica
darba burtnīca

domaći zadatak
mājas darbs

broj
skaitlis

sabirati
saskaitīt

oduzimati
atņemt

množiti
reizināt

računati
rēķināt

slovo
burts

ABCDEFG
HIJKLMN
OPQRSTU
VWXYZ

abeceda
alfabēts

hello

reč
vārds

tekst
teksts

čitati
lasīt

kreda
krīts

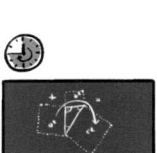

čas
mācību stunda

dnevnik
žurnāls

ispit
eksāmens

svedočanstvo
liecība

školska uniforma
skolas forma

obrazovanje
izglītība

leksikon
enciklopēdija

univerzitet
universitāte

mikroskop
mikroskops

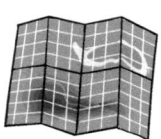

karta
karte

košara za papir
papīrgrozs

putovanje
ceļojums

hotel
viesnīca
Grand
prenoćište
hostelis
ROOMS
menjačnica
valūtas maiņas punkts
EXCHANGE
kofer
čemodāns
auto
automašīna

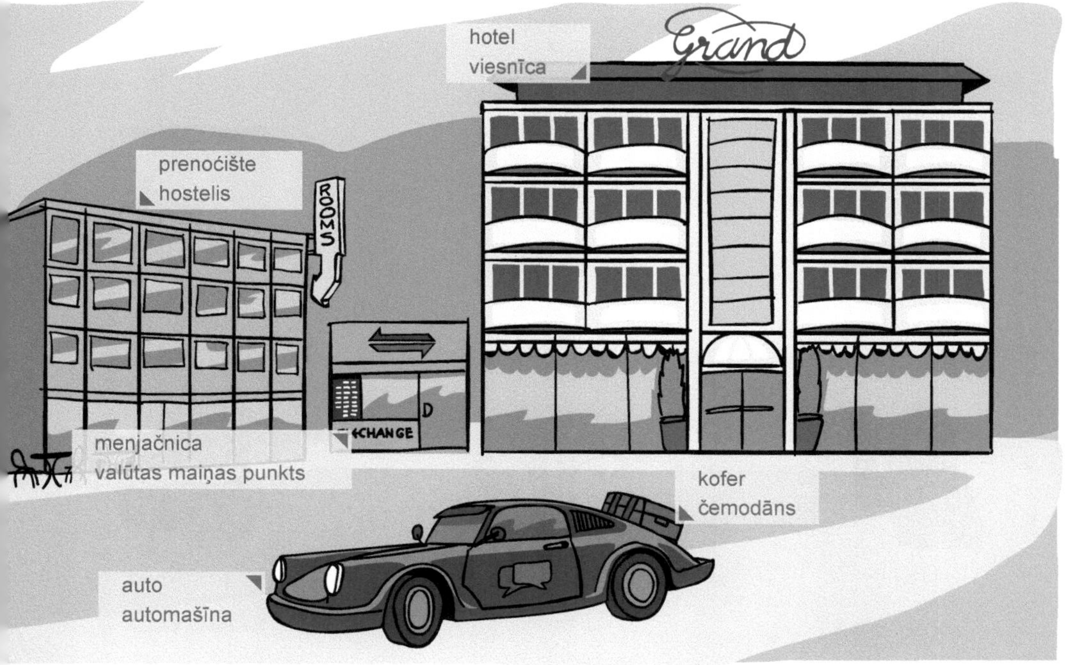

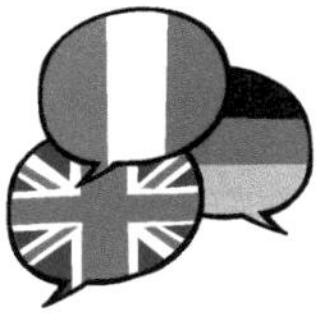

jezik

Valoda

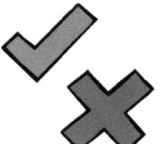

da / ne

jā / nē

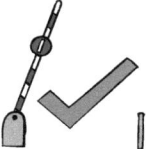

okej

Okay

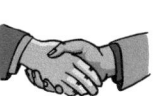

zdravo

Sveiki!

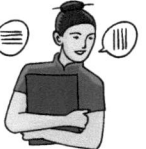

prevodilac

tulks

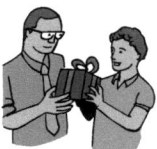

hvala

paldies

Koliko košta...?

Cik maksā...?

ne razumem

Es nesaprotu

problem

problēma

dobro veče!

Labvakar!

Dobro jutro!

Labrīt!

Laku noć!

Ar labu nakti!

doviđenja

Uz redzēšanos

smer

virziens

prtljaga

bagāža

torba

soma

ruksak

mugursoma

gost

viesis

soba

istaba

vreća za spavanje

guļammaiss

šator

telts

turističke informacije

tūrisma informācija

plaža

pludmale

kreditna kartica

kredītkarte

doručak

brokastis

ručak

pusdienas

večera

vakariņas

karta za vožnju

biļete

lift

lifts

poštanska markica

pastmarka

granica

robeža

carina

muita

ambasada

vēstniecība

viza

vīza

pasoš

pase

transport
transports

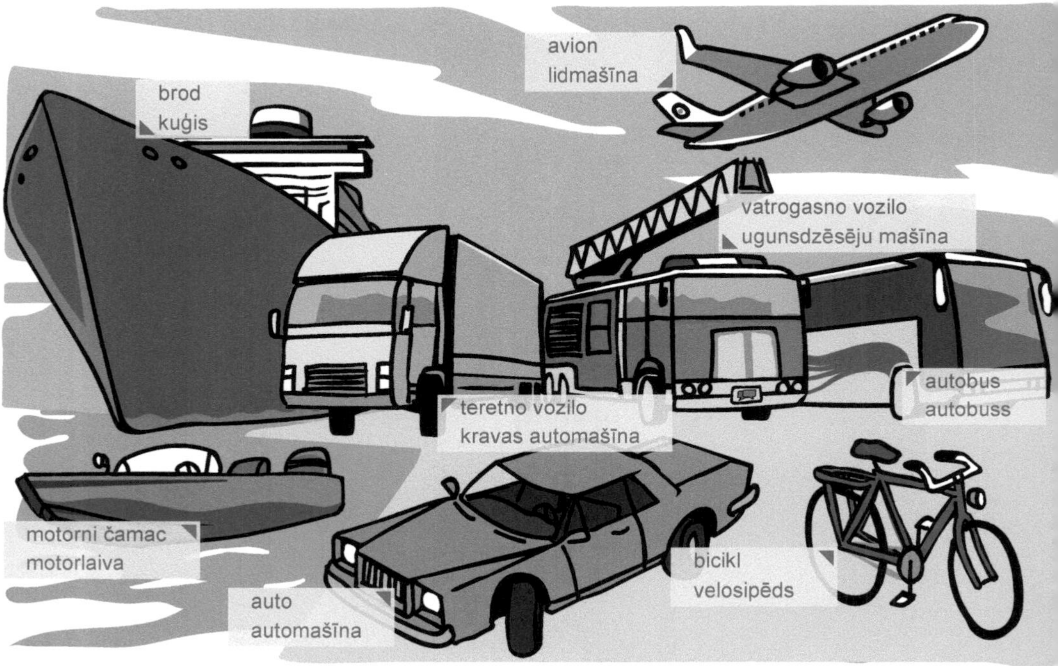
avion
lidmašīna
brod
kuģis
vatrogasno vozilo
ugunsdzēsēju mašīna
autobus
autobuss
teretno vozilo
kravas automašīna
motorni čamac
motorlaiva
bicikl
velosipēds
auto
automašīna

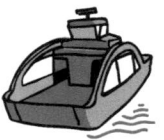

trajekt

prāmis

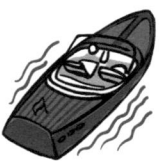

čamac

laiva

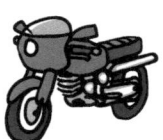

motocikl

motocikls

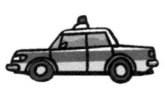

policijski auto

policijas automašīna

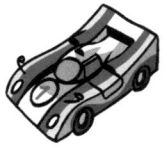

trkaći auto

sacīkšu automobilis

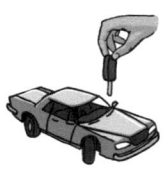

iznajmljeno auto

nomas auto

delenje automobila

auto koplietošana

vučno vozilo

evakuators

vozilo za odvoz smeća

atkritumu mašīna

motor

dzinējs

benzin

benzīns

benzinska stanica

degvielas uzpildes stacija

saobraćajni znak

ceļa zīme

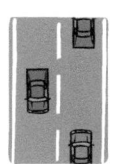

saobraćaj

satiksme

zastoj

sastrēgums

parkiralište

stāvvieta

železnička stanica

dzelzceļa stacija

šine

sliedes

voz

vilciens

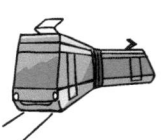

tramvaj

tramvajs

vagon

vagons

helikopter

helikopters

aerodrom

lidosta

kula

tornis

putnik

pasažieris

kontejner

konteiners

karton

kaste

kolica

ratiņi

korpa

grozs

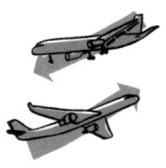

uzleteti / sleteti

pacelties / nosēsties

grad
pilsēta

selo

ciems

centar grada

pilsētas centrs

kuća

māja

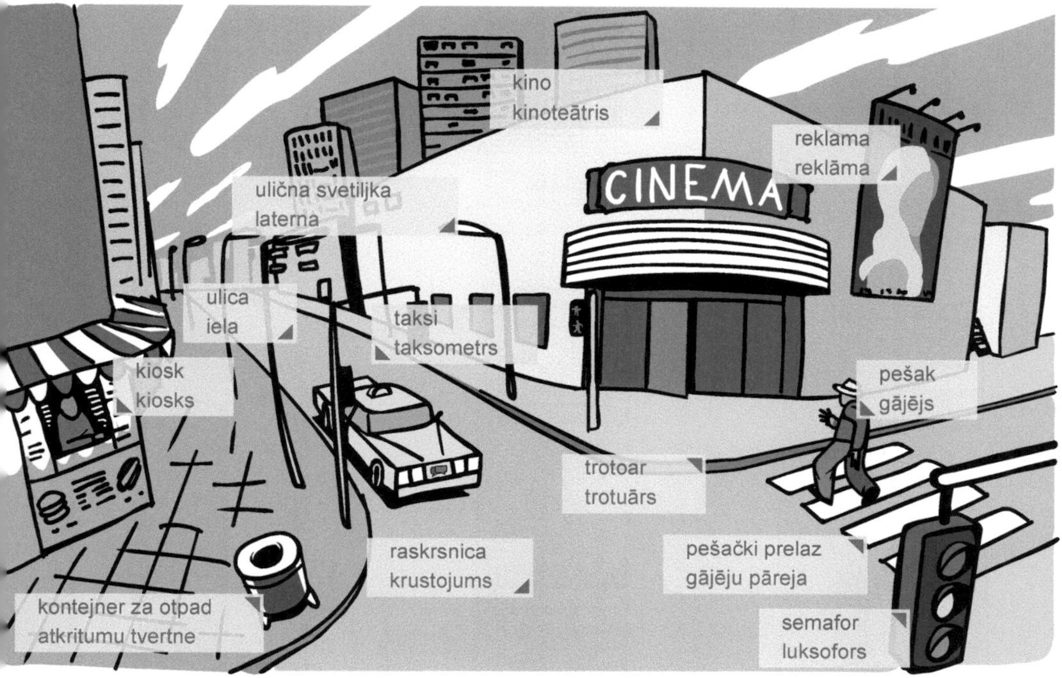

kino
kinoteātris

reklama
reklāma

ulična svetiljka
laterna

ulica
iela

CINEMA

taksi
taksometrs

pešak
gājējs

kiosk
kiosks

trotoar
trotuārs

raskrsnica
krustojums

pešački prelaz
gājēju pāreja

kontejner za otpad
atkritumu tvertne

semafor
luksofors

koliba
būda

stan
dzīvoklis

železnička stanica
dzelzceļa stacija

većnica
rātsnams

muzej
muzejs

škola
skola

univerzitet

universitāte

banka

banka

bolnica

slimnīca

hotel

viesnīca

apoteka

aptieka

kancelarija

birojs

knjižara

grāmatnīca

prodavnica

veikals

cvećara

ziedu veikals

supermarket

lielveikals

trg

tirgus

robna kuća

tirdzniecības centrs

ribarnica

zivju tirgotājs

trgovački centar

tirdzniecības centrs

luka

osta

park
parks

klupa
sols

most
tilts

stepenice
kāpnes

podzemna železnica
metro

tunel
tunelis

autobuska stanica
autobusa pieturvieta

bar
bārs

restoran
restorāns

poštansko sanduče
pastkastīte

ulični znak
ielas nosaukuma plāksne

parkirni automat
stāvlaika skaitītājs

zoološki vrt
zooloģiskais dārzs

bazen
peldbaseins

džamija
mošeja

seosko gazdinstvo

zemnieku saimniecība

zagađenje okoline

vides piesārņojums

groblje

kapsēta

crkva

baznīca

igralište

spēļu laukums

hram

templis

pejsaž

ainava

list
lapa

putokaz
ceļrādis

put
ceļš

livada
pļava

kamen
akmens

drvo
koks

šetač
ceļotājs

reka
upe

trava
zāle

cvijet
puķe

dolina
ieleja

planina
kalns

jezero
ezers

šuma
mežs

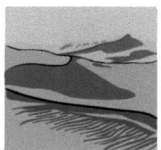

pustinja
tuksnesis

vulkan
vulkāns

dvorac
pils

duga
varavīksne

gljiva
sēne

palma
palma

moskito
moskīts

muva
muša

mrav
skudra

pčela
bite

pauk
zirneklis

pejsaž - ainava

buba

vabole

žaba

varde

veverica

vāvere

jež

ezis

zec

zaķis

sova

pūce

ptica

putns

labud

gulbis

divlja svinja

meža cūka

jelen

briedis

los

alnis

nasip

aizsprosts

vetrenjača

vēja ģenerators

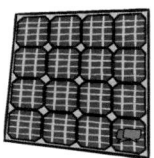

solarna ploča

saules baterija

klima

klimats

restoran
restorāns

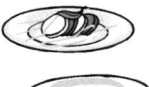

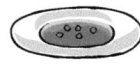

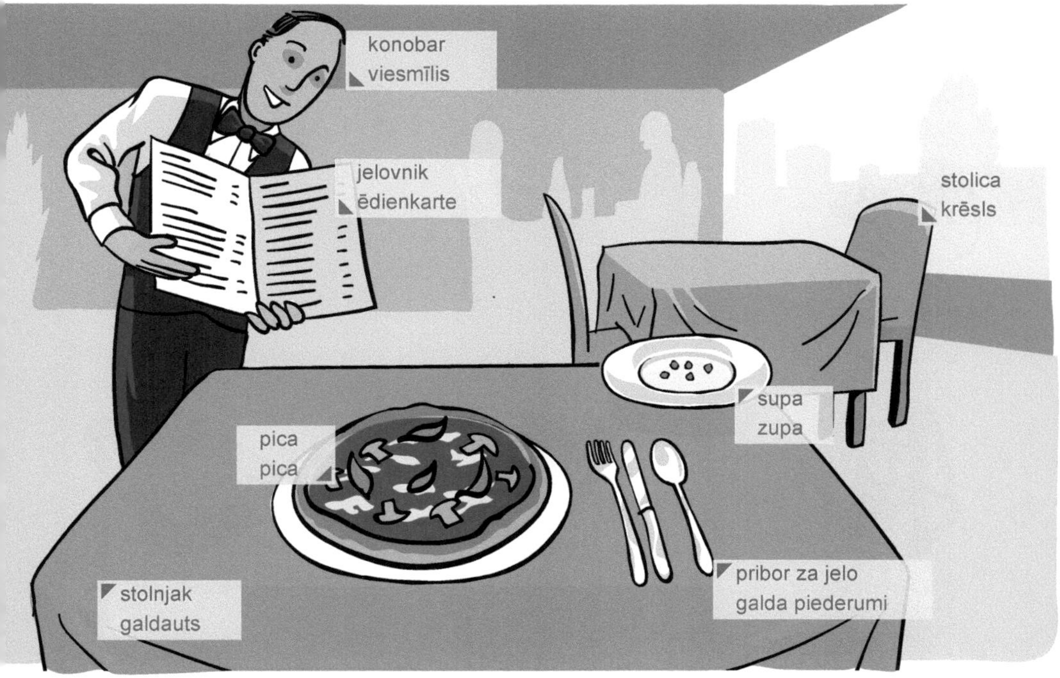
konobar
viesmīlis
jelovnik
ēdienkarte
stolica
krēsls
supa
zupa
pica
pica
stolnjak
galdauts
pribor za jelo
galda piederumi

predjelo

uzkoda

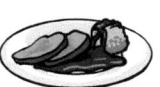

glavno jelo

pamatēdiens

desert

deserts

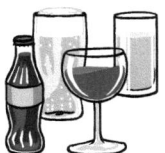

napitci

dzērieni

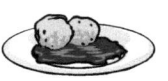

jelo

ēdiens

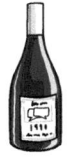

flaša

pudele

brza hrana

ātrās uzkodas

imbis hrana

ielu uzkodas

čajnik

tējkanna

doza za šećer

cukurtrauks

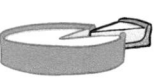

porcija

porcija

aparat za espresso

espresso kafijas automāts

visoka stolica

bāra krēsls

račun

rēķins

poslužavnik

paplāte

nož

nazis

viljuška

dakša

kašika

karote

čajna kašika

tējkarote

salveta

salvete

čaša

glāze

tanjir

šķīvis

tanjir za supu

zupas šķīvis

tanjirić

apakštase

sos

mērce

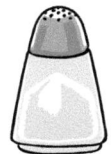

soljenka

sāls trauciņš

mlin za biber

piparu dzirnaviņas

sirće

etiķis

ulje

eļļa

začini

garšvielas

kečap

kečups

senf

sinepes

majoneza

majonēze

supermarket
lielveikals

ponuda
piedāvājums
FOR
kupac
klients
mlečni proizvodi
piena produkti
voće
augļi
kolica za kupovinu
iepirkumu ratiņi

BUTCHERS

mesnica

kautuve

BAKERY

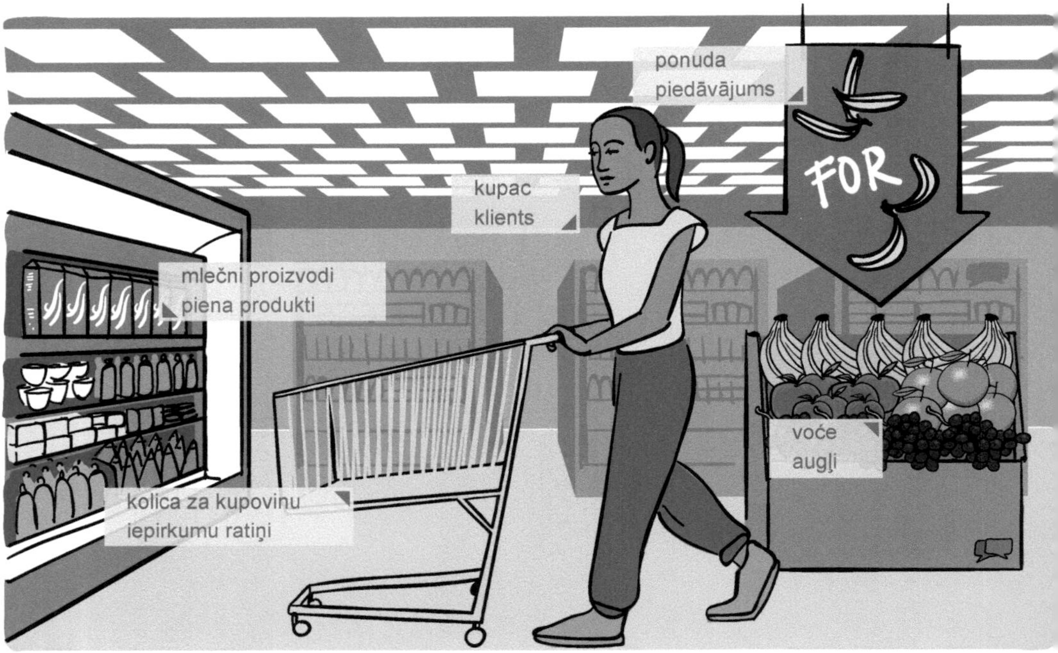

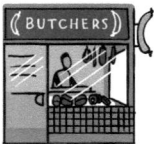

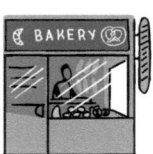

pekara

maizes veikals

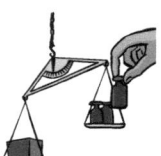

vagati

svērt

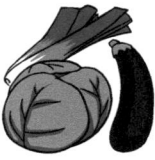

povrće

dārzeņi

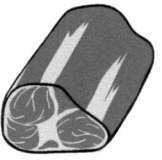

meso

gaļa

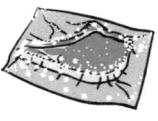

smrznuta hrana

saldēti produkti

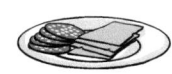

narezak
aukstās gaļas uzkodas

konzerve
konservi

sredstvo za pranje
pulveris

slatkiši
saldumi

artikli za domaćinstvo
mājsaimniecības preces

sredstva za čišćenje
tīrīšanas līdzeklis

prodavačica
pārdevēja

blagajna
kase

blagajnik
kasieris

lista za kupovinu
iepirkumu saraksts

vreme rada
darba laiks

novčanik
maks

kreditna kartica
kredītkarte

torba
soma

plastična kesa
maisiņš

voda
ūdens

sok
sula

mleko
piens

kola
kola

vino
vīns

pivo
alus

alkohol
alkohols

kakao
kakao

čaj
tēja

kava
kafija

espresso
espresso

cappuccino
kapučīno

banana

banāns

jabuka

ābols

narandža

apelsīns

lubenica

melone

limun

citrons

šargarepa

burkāns

beli luk

ķiploks

bambus

bambuss

luk

sīpols

gljiva

sēne

orašasti plodovi

rieksti

rezanci

makaroni

špagete

spageti

riža

rīsi

salata

salāti

pomfrit

frī kartupeļi

pečeni krumpir

cepti kartupeļi

pica

pica

hamburger

hamburgers

sendvič

sviestmaize

šnicla

šnicele

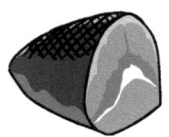

šunka

šķiņķis

salama

salami

kobasica

desa

kokoš

vista

pečenje

cepetis

riba

zivs

zobene pahuljice

auzu pārslas

musli

muslis

kukuruzne pahuljice

brokastu pārslas

brašno

milti

kroasan

radziņš

pecivo

brokastu maizītes

hleb

maize

toast

tostermaize

keksi

cepumi

maslac

sviests

sveži sir

biezpiens

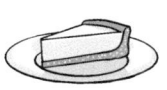

kolač

kūka

jaje

ola

jaje na oko

cepta ola

sir

siers

sladoled

saldējums

šećer

cukurs

med

medus

marmelada

marmelāde

nugat krema

riekstu krēms

kari

karijs

jelo - ēdiens

seosko gazdinstvo
zemnieku saimniecība

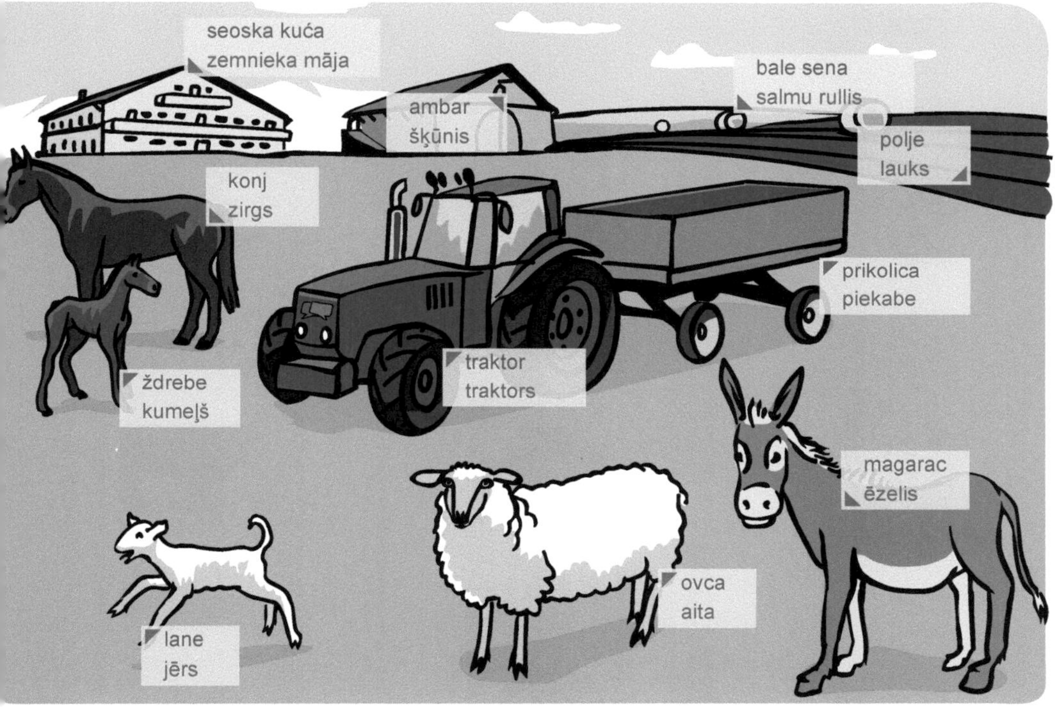
seoska kuća
zemnieka māja
ambar
šķūnis
bale sena
salmu rullis
polje
lauks
konj
zirgs
prikolica
piekabe
traktor
traktors
ždrebe
kumeļš
magarac
ēzelis
ovca
aita
lane
jērs

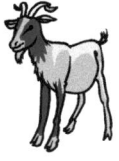

koza
kaza

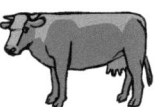

krava
govs

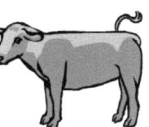

tele
teļš

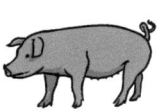

svinja
cūka

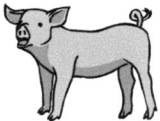

prase
sivēns

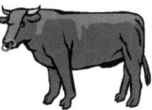

bik
bullis

guska
zoss

patka
pīle

pilići
cālis

kokoš
vista

petao
gailis

pacov
žurka

mačka
kaķis

miš
pele

vol
vērsis

pas
suns

kućica za psa
suņa būda

vrtno crevo
dārza šļūtene

kanta za polivanje
lejkanna

kosa
izkapts

plug
arkls

srp
sirpis

motika
kaplis

viljuška za đubrivo
mēslu dakša

sekira
cirvis

tačke
ķerra

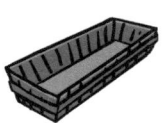

korito
sile

posuda za mleko
piena kanna

vreća
maiss

ograda
žogs

štala
kūts

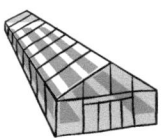

staklenik
siltumnīca

zemlja
augsne

seme
sēklas

đubrivo
mēslojums

kombajn
kombains

žeti

novākt ražu

žetva

raža

jams začin

jamss

pšenica

kvieši

soja

soja

krumpir

kartupelis

kukuruz

kukurūza

uljana repica

rapsis

voćka

augļu koks

gomolj manioke

manioka

žitarice

labība

kuća
māja

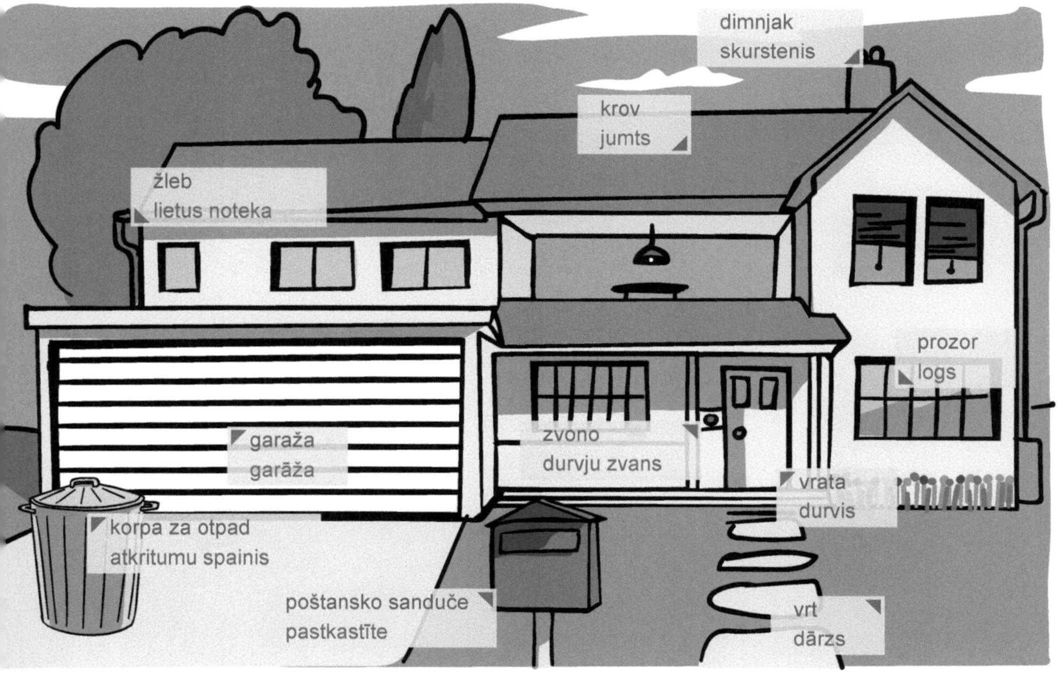
dimnjak
skurstenis
krov
jumts
žleb
lietus noteka
prozor
logs
garaža
garāža
zvono
durvju zvans
vrata
durvis
korpa za otpad
atkritumu spainis
poštansko sandučе
pastkastīte
vrt
dārzs

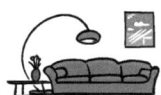

dnevna soba

viesistaba

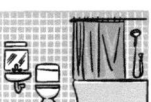

kupaonica

vannas istaba

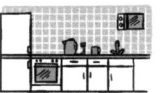

kuhinja

virtuve

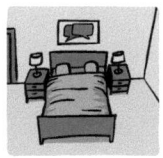

spavaća soba

guļamistaba

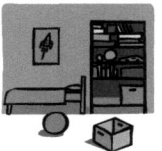

dečija soba

bērnu istaba

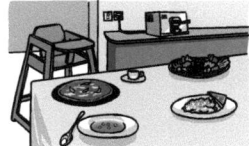

trpezarija

ēdamistaba

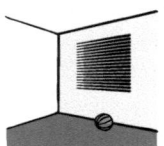

pod
....
grīda

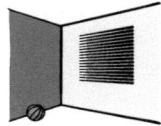

zid
....
siena

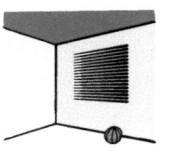

strop
....
griesti

podrum
....
pagrabs

sauna
....
sauna

balkon
....
balkons

terasa
....
terase

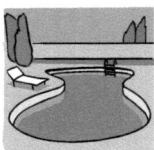

bazen
....
baseins

kosilica za travu
....
zāles pļāvējs

posteljina za krevet
....
gultas veļa

deka za krevet
....
sega

krevet
....
gulta

metla
....
slota

kanta
....
spainis

prekidač
....
slēdzis

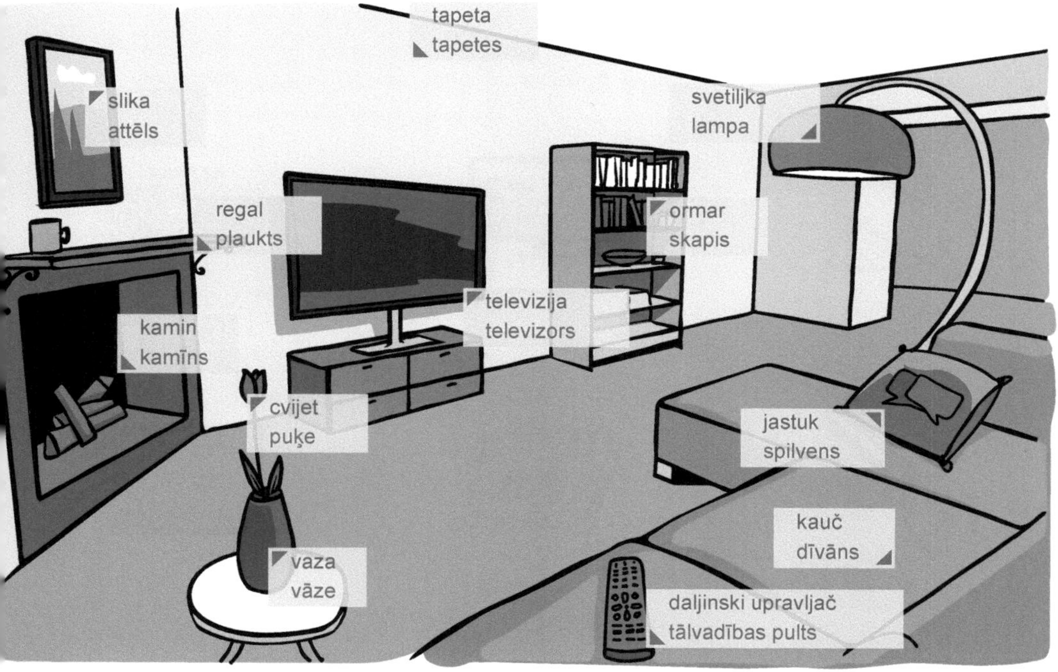

tapeta
tapetes

slika
attēls

svetiljka
lampa

regal
plaukts

ormar
skapis

kamin
kamīns

televizija
televizors

cvijet
puķe

jastuk
spilvens

kauč
dīvāns

vaza
vāze

daljinski upravljač
tālvadības pults

tepih
paklājs

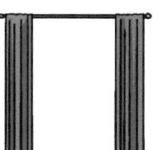

zavesa
aizkars

sto
galds

stolica
krēsls

stolica za njihanje
šūpuļkrēsls

fotelja
atpūtas krēsls

knjiga
grāmata

deka
sega

dekoracija
dekorācija

drvo za ogrev
malka

film
filma

hi-fi uređaj
mūzikas centrs

ključ
atslēga

novine
avīze

slika na platnu
glezna

poster
plakāts

radio
radio

blok za pisanje
pierakstu blociņš

usisivač
putekļu sūcējs

kaktus
kaktuss

sveća
svece

kuhinja
virtuve

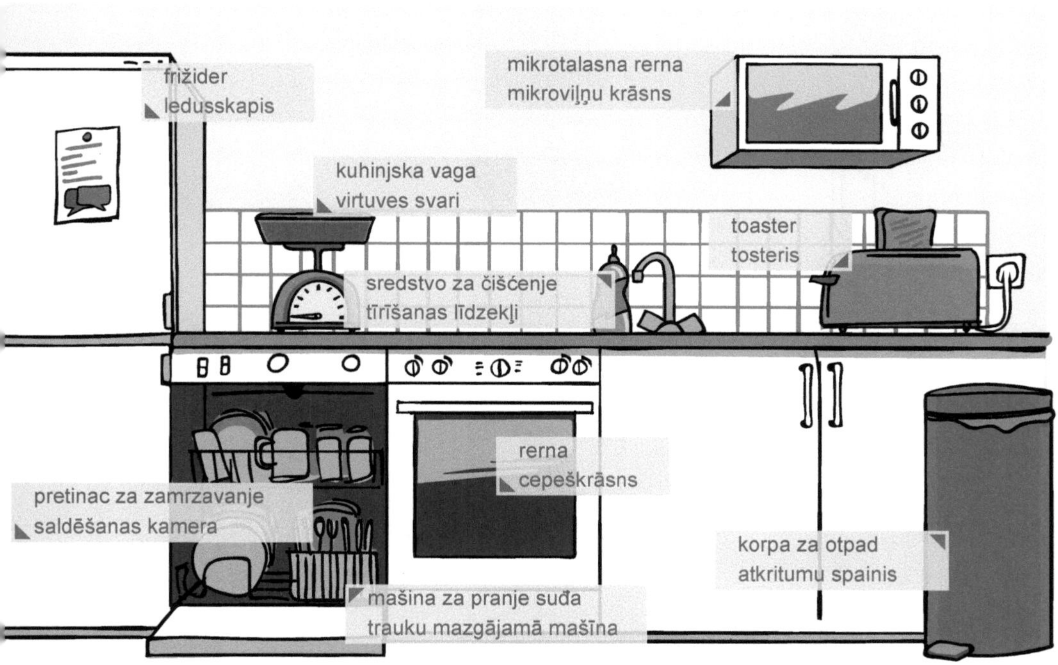

frižider
ledusskapis
mikrotalasna rerna
mikroviļņu krāsns
kuhinjska vaga
virtuves svari
toaster
tosteris
sredstvo za čišćenje
tīrīšanas līdzekļi
rerna
cepeškrāsns
pretinac za zamrzavanje
saldēšanas kamera
korpa za otpad
atkritumu spainis
mašina za pranje suđa
trauku mazgājamā mašīna

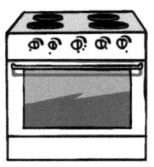

šporet
plīts

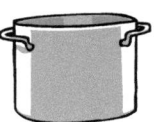

lonac
pods

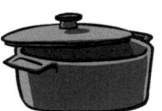

gvozdeni lonac
katls

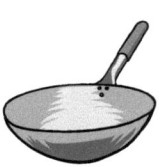

wok / kadai
Wok panna

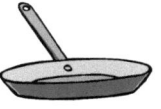

tava
panna

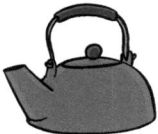

kuvalo za vodu
elektriskā tējkanna

kuvalo na paru

tvaika katls

lim za pečenje

cepešpanna

posuđe

trauki

čaša

krūze

posuda

bļoda

štapići za jelo

irbulīši

kutlača

kauss

lopatica

lāpstiņa

penjača

putošanas slotiņa

sito za kuvanje

sietiņš

sito

siets

ribež

rīve

mužar

piesta

roštilj

grilēt

ognjište

atklāts pavards

daska
dēlis

oklagija
mīklas rullis

vadičep
korķu viļķis

konzerva
bundža

otvarač konzervi
konservu nazis

krpa za lonac
virtuves cimdi

sudoper
izlietne

četka
birste

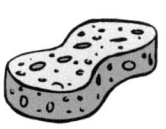

sunđer
sūklis

mikser
mikseris

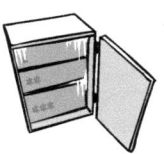

zamrzivač
saldētava

flašica za bebe
bērna pudelīte

slavina za vodu
ūdenskrāns

kupaonica
vannas istaba

grejanje
apkure
peškir
dvielis
tuš
duša
zavesa za tuš
dušas aizkari
penušava kupka
vannas putas
kada
vanna
čaša
glāze
mašina za pranje veša
veļas mašīna
slavina za vodu
ūdenskrāns
pločice
flīzes
tuta
podiņš
sudoper
izlietne

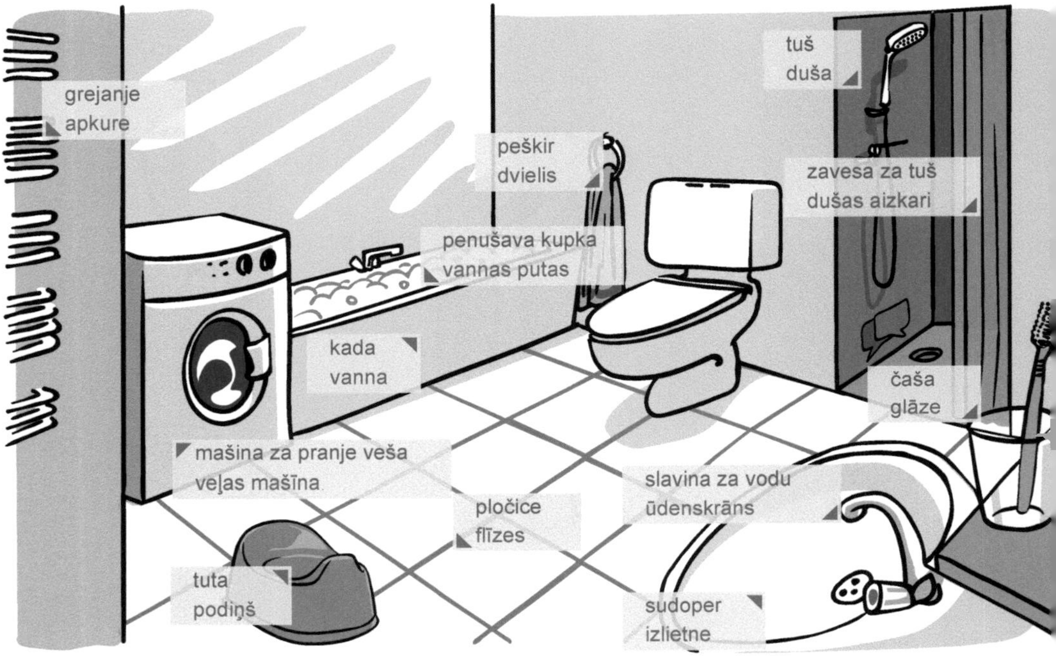

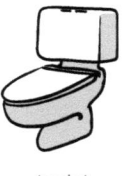

toalet

tualetes pods

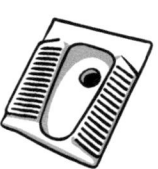

čučavac

Āzijas tipa tualete

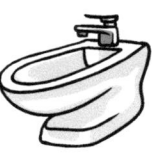

bidet

bidē

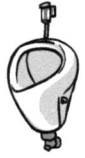

pisoar

pisuārs

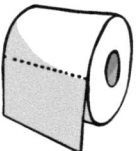

toaletni papir

tualetes papīs

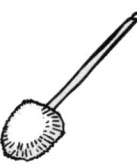

četka za toalet

tualetes birste

četkica za zube

zobu birste

pasta za zube

zobu pasta

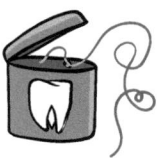

konac za zube

zobu diegs

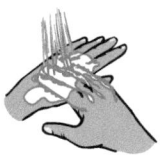

prati

mazgāt

tuš ručica

rokas duša

tuš za pranje intimnih delova

duša

lavor

bļoda

četka za pranje leđa

muguras mazgāšanas birste

sapun

ziepes

gel za tuširanje

dušas želeja

šampon

šampūns

krpa za pranje

mazgāšanas drāna

odvod

noteka

krema

krēms

dezodorans

dezodorants

ogledalo

spogulis

kozmetičko ogledalo

spogulītis

brijač

skuveklis

pena za brijanje

skūšanās putas

losion za posle brijanja

losjons pēc skūšanās

češalj

ķemme

četka

matu suka

fen za kosu

matu fēns

sprej za kosu

matu laka

makeup

grima komplekts

ruž za usne

lūpu krāsa

lak za nokte

nagulaka

vata

vate

makaze za nokte

šķērītes

parfem

smaržas

kozmetička torbica

kosmētikas maks

stolica

ķeblītis

vaga

svari

ogrtač

halāts

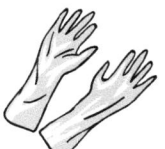

rukavice za čišćenje

tīrīšanas cimdi

tampon

tampons

uložak

pakete

hemijski toalet

ķīmiskā tualete

dečija soba
bērnu istaba

budilnik
modinātājs
plišana igračka
mīkstā rotaļlieta
auto igračka
spēļu automašīna
zvečka
grabulis
kućica za lutke
leļļu māja
poklon
dāvana

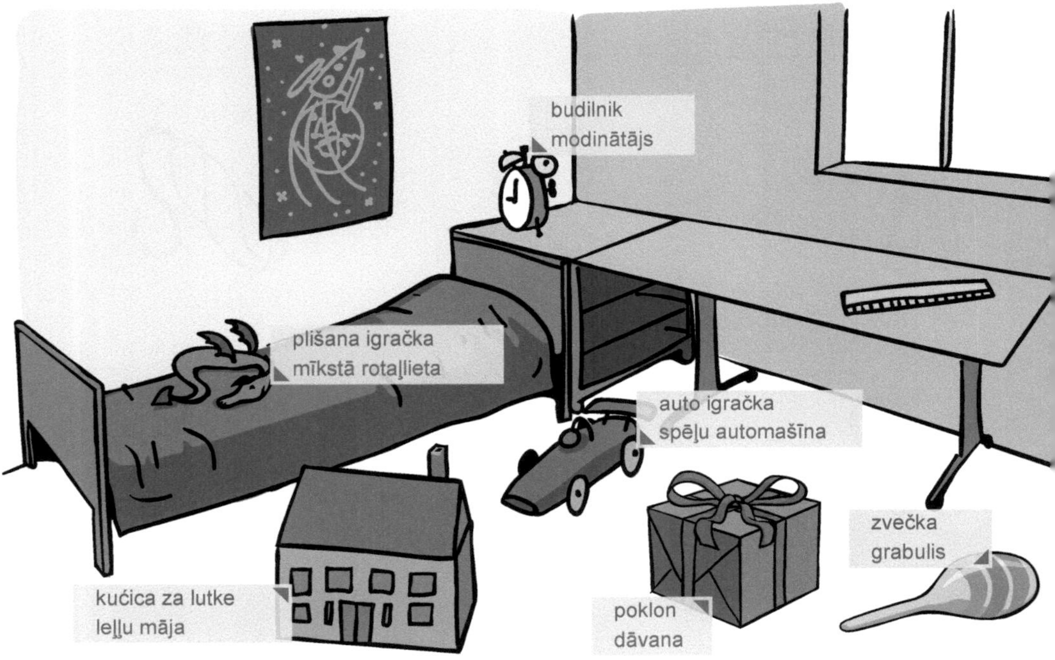

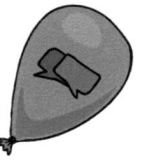

balon
balons

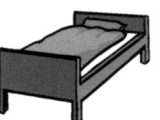

krevet
gulta

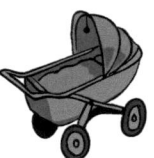

dječija kolica
bērnu ratiņi

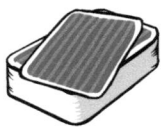

igra s kartama
kārtis

slagalica
puzle

SUPER
MEGA

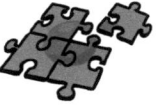

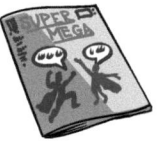

strip
komikss

lego kockice

LEGO klucīši

kockice za slaganje

klucīši

akcioni junak

varoņu figūra

benkica za bebe

rāpulītis

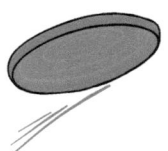

frizbi

lidojošais šķīvītis

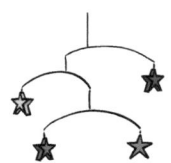

viseće igračke

muzikālais karuselis

društvene igre

galda spēle

kocka

metamais kauliņš

minijaturna željeznica

rotaļu dzelzceļš

duda

māneklis

zabava

ballīte

slikovnica

bilžu grāmata

lopta

bumba

lutka

lelle

igrati

spēlēt

pješčanik

smilšu kaste

ljuljačka

šūpoles

igračka

rotaļlietas

konzola za igre

spēļu konsole

tricikl

trīsritenis

tedi

plīša lācītis

ormar

drēbju skapis

odeća
apģērbs

kratke čarape

īszeķes

čarape

zeķes

hulahopke

zeķbikses

šal
šalle

kišobran
lietussargs

majica
T-krekls

kaiš
siksna

čizme
zābaks

papuče
čības

patike
botas

sandale
....
sandales

cipele
....
kurpes

gumene čizme
....
gumijas zābaki

gaćice
....
apakšbikses

grudnjak
....
krūšturis

potkošulja
....
apakškrekls

bodi

bodijs

pantalone

bikses

farmerke

džinsi

suknja

svārki

bluza

blūze

košulja

krekls

džemper

pulovers

džemper s kapuljačom

džemperis

sako

žakete

jakna

jaka

kaput

mētelis

kabanica

lietus mētelis

kostim

kostīms

haljina

kleita

venčanica

kāzu kleita

odelo

uzvalks

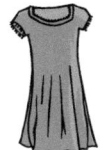

spavaćica

naktskrekls

pidžama

pidžama

sari

sari

marama za glavu

lakats

turban

turbāns

burka

burka

kaftan

kaftāns

abaja

abaja

kupaći kostim

peldkostīms

kupaće gaćice

peldbikses

kratke pantalone

šorti

odeća za trening

treniņtērps

kecelja

priekšauts

rukavice

cimdi

dugme

poga

naočare

brilles

narukvica

rokassprādze

ogrlica

kaklarota

prsten

gredzens

naušnica

auskars

kapa

cepure

vešalica

drēbju pakaramais

šešir

platmale

kravata

kaklasaite

patent zatvarač

rāvējslēdzējs

kaciga

ķivere

naramenice

bikšturi

školska uniforma

skolas forma

uniforma

uniforma

podbradak
....
priekšautiņš

duda
....
māneklis

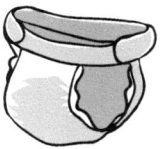

pelena
....
autiņbiksītes

kancelarija
birojs

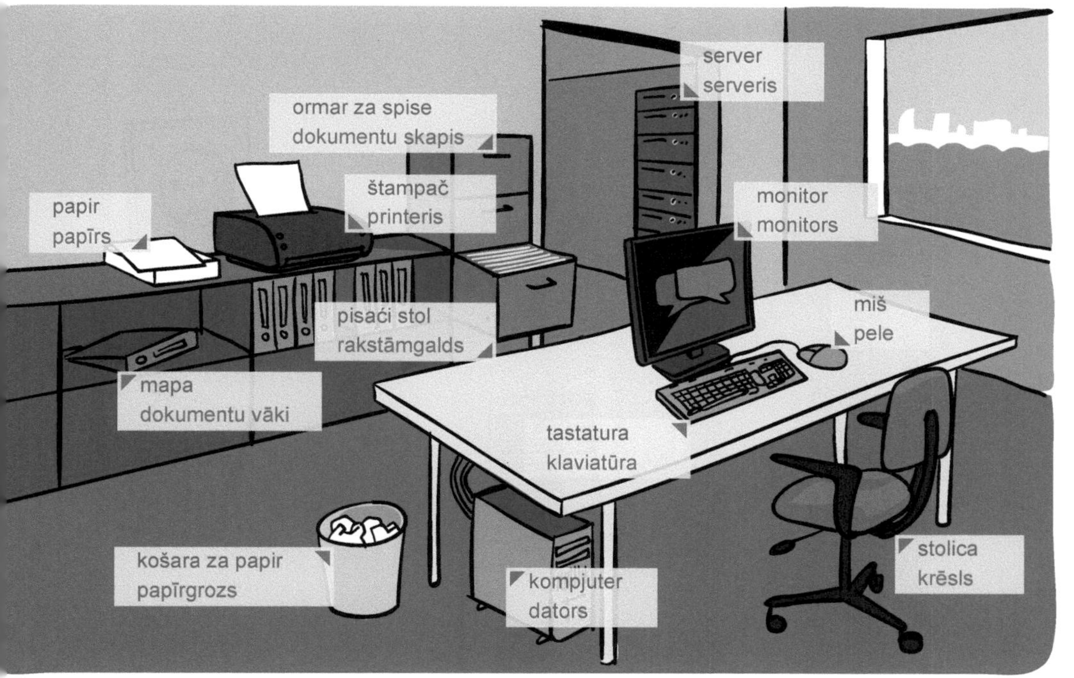

server
serveris

ormar za spise
dokumentu skapis

štampač
printeris

papir
papīrs

monitor
monitors

pisaći stol
rakstāmgalds

miš
pele

mapa
dokumentu vāki

tastatura
klaviatūra

košara za papir
papīrgrozs

kompjuter
dators

stolica
krēsls

šalica za kavu
....
kafijas krūze

kalkulator
....
kalkulators

internet
....
internets

laptop

portatīvais dators

pismo

vēstule

poruka

ziņa

mobilni telefon

mobilais tālrunis

mreža

tīkls

uređaj za kopiranje

kopētājs

softver

programmatūra

telefon

telefons

utičnica

rozete

faks

faksa aparāts

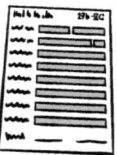

formular

formulārs

dokument

dokuments

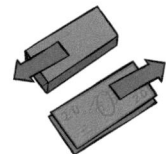

kupovati
pirkt

platiti
samaksāt

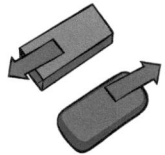

trgovati
tirgot

novac
nauda

dolar
dolārs

evro
eiro

jen
jēna

 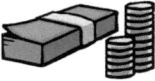

rublja
rublis

švajcarski franak
franks

renmindbi juan
juaņa renminbi

rupija
rūpija

automat za novac
bankomāts

menjačnica

valūtas maiņas punkts

zlato

zelts

srebro

sudrabs

nafta

nafta

energija

enerģija

cena

cena

ugovor

līgums

porez

nodoklis

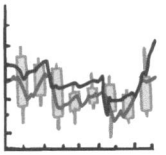

deonica

akcija

raditi

strādāt

službenik

darbinieks

poslodavac

darba devējs

fabrika

fabrika

prodavnica

veikals

policajac
policists

vatrogasac
ugunsdzēsējs

kuvar
pavārs

lekar
ārsts

pilot
pilots

vrtlar

dārznieks

stolar

galdnieks

krojačica

šuvēja

sudija

tiesnesis

hemičar

ķīmiķis

glumac

aktieris

vozač autobusa

autobusa vadītājs

vozač taksija

taksometra vadītājs

ribar

zvejnieks

čistačica

apkopēja

krovopokrivač

jumiķis

konobar

viesmīlis

lovac

mednieks

slikar

gleznotājs

pekar

maiznieks

električar

elektriķis

građevinski radnik

celtnieks

inženjer

inženieris

mesar

miesnieks

limar

skārdnieks

poštar

pastnieks

vojnik

karavīrs

arhitekta

arhitekts

blagajnik

kasieris

cvećar

florists

frizer

frizieris

kondukter

konduktors

mehaničar

mehāniķis

kapetan

kapteinis

zubar

zobārsts

naučnik

zinātnieks

rabi

rabīns

imam

imāms

monah

mūks

svećenik

mācītājs

alati
instrumenti

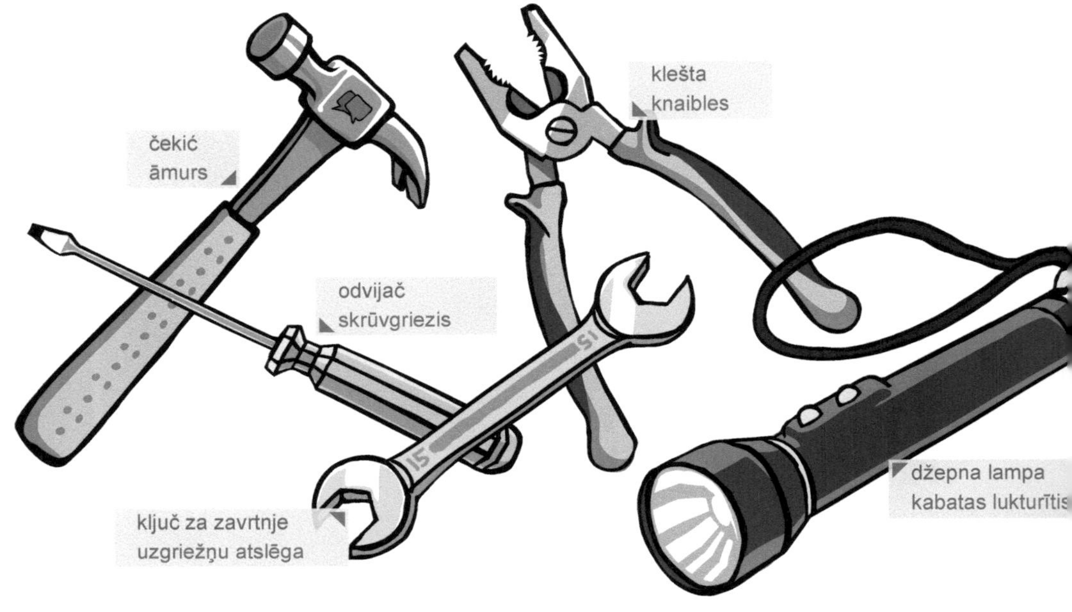

klešta
knaibles
čekić
āmurs
odvijač
skrūvgriezis
džepna lampa
kabatas lukturītis
ključ za zavrtnje
uzgriežņu atslēga

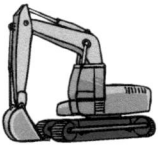

bager

ekskavators

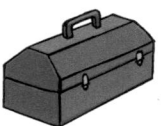

kutija za alat

instrumentu kaste

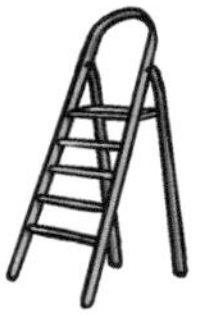

merdevine

kāpnes

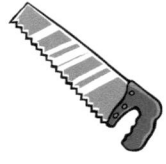

pila

zāģis

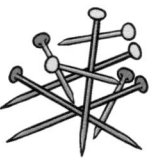

ekser

naglas

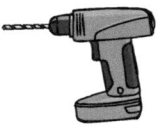

bušilica

urbis

popraviti

remontēt

lopata

lāpsta

do đavola!

Velns!

lopatica

liekšķere

lonac za boju

krāsas bundža

zavrtanji

skrūves

muzički instrument
mūzikas instrumenti

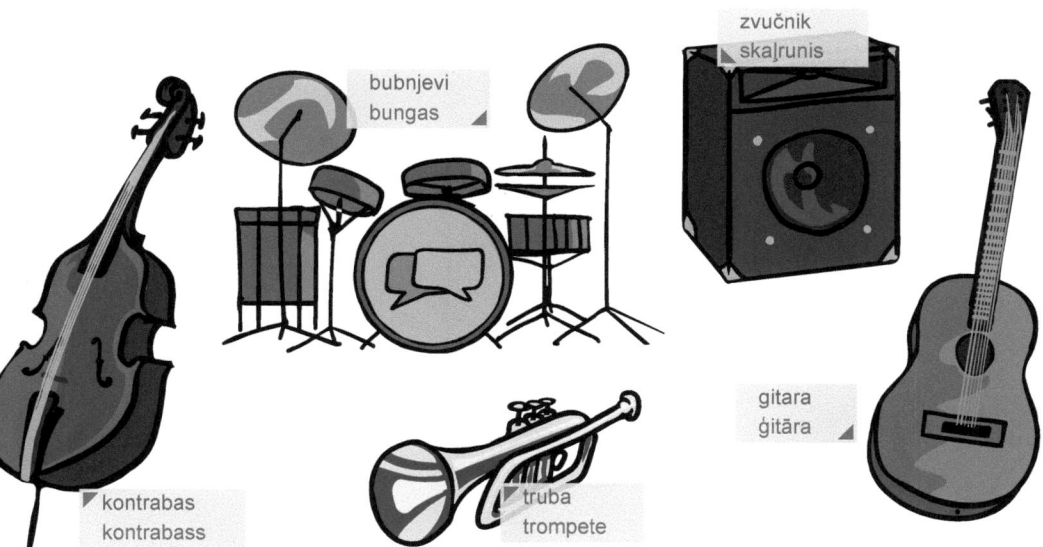

zvučnik
skaļrunis

bubnjevi
bungas

gitara
ģitāra

kontrabas
kontrabass

truba
trompete

klavir

klavieres

violina

vijole

bas

bass

timpani

timpāni

udaraljke za bubnjeve

bungas

tipke klavira

digitālās klavieres

saksofon

saksofons

flauta

flauta

mikrofon

mikrofons

zoološki vrt
zooloģiskais dārzs

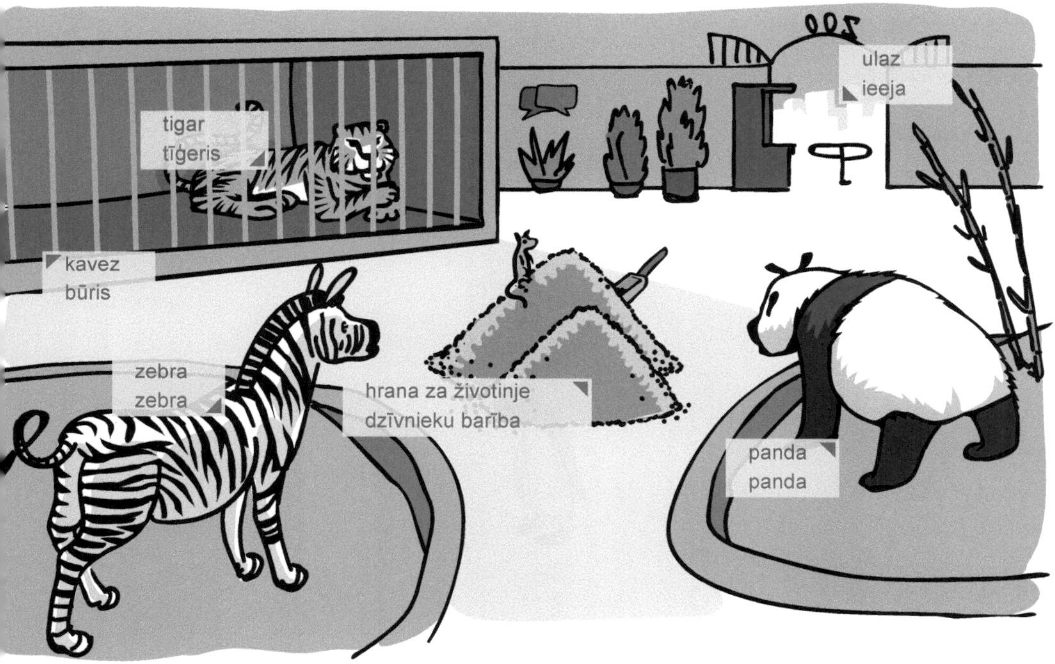

ulaz
ieeja
tigar
tīģeris
kavez
būris
zebra
zebra
hrana za životinje
dzīvnieku barība
panda
panda

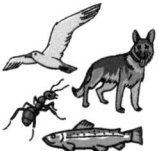

životinje

dzīvnieki

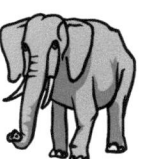

slon

zilonis

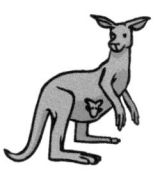

kengur

ķengurs

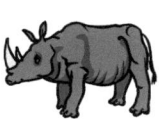

nosorog

degunradzis

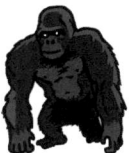

gorila

gorilla

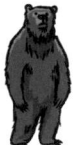

medved

lācis

kamila
....
kamielis

noj
....
strauss

lav
....
lauva

majmun
....
pērtiķis

flamingo
....
flamings

papagaj
....
papagailis

polarni medved
....
polārlācis

pingvin
....
pingvīns

ajkula
....
haizivs

paun
....
pāvs

zmija
....
čūska

krokodil
....
krokodils

čuvar u zoološkom vrtu
....
zoodārza sargs

tuljan
....
ronis

jaguar
....
jaguārs

poni
ponijs

leopard
leopards

nilski konj
nīlzirgs

žirafa
žirafe

orao
ērglis

divlja svinja
meža cūka

riba
zivs

kornjača
bruņurupucis

morž
valzirgs

lisica
lapsa

gazela
gazele

američki nogomet
amerikāņu futbols

biciklizam
riteņbraukšana

tenis
teniss

košarka
basketbols

plivanje
peldēšana

boks
bokss

hokej na ledu
hokejs

fudbal
futbols

badminton
badmintons

atletika
vieglatlētika

rukomet
rokas bumba

skijanje
slēpošana

polo
polo

smejati se
smieties

skočiti
lēkt

zagrliti
apskaut

ići
iet

pevati
dziedāt

sanjati
sapņot

moliti se
lūgt

poljubiti
skūpstīt

pisati	crtati	pokazati
rakstīt	zīmēt	rādīt

gurati	dati	uzeti
spiest	dot	ņemt

imati

būt

činiti

darīt

biti

būt

stojati

stāvēt

trčati

skriet

povlačiti

vilkt

baciti

mest

padati

krist

ležati

gulēt

čekati

gaidīt

nositi

nest

sediti

sēdēt

oblačiti

uzģērbt

spavati

gulēt

probuditi se

pamosties

gledati

skatīties

plakati

raudāt

milovati

glāstīt

češljati

ķemmēt

govoriti

runāt

razumeti

saprast

pitati

jautāt

slušati

dzirdēt

piti

dzert

jesti

ēst

pospremiti

sakārtot

voleti

mīlēt

kuhati

vārīt

voziti

braukt

leteti

lidot

ploviti

burot

računati

rēķināt

čitati

lasīt

učiti

mācīties

raditi

strādāt

venčati se

precēties

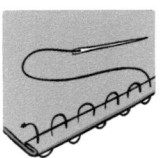

šiti

šūt

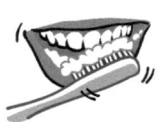

prati zube

tīrīt zobus

ubiti

nogalināt

pušiti

smēķēt

poslati

sūtīt

porodica
ģimene

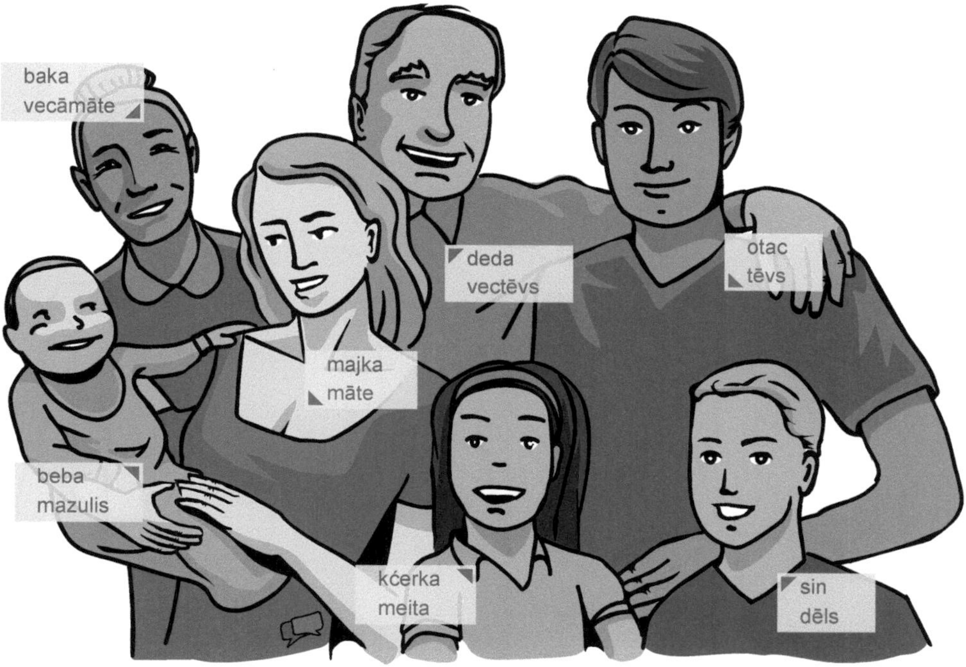
baka
vecāmāte
deda
vectēvs
otac
tēvs
majka
māte
beba
mazulis
kćerka
meita
sin
dēls

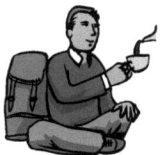

gost

viesis

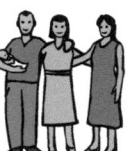

tetka

tante

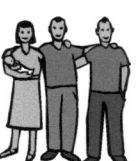

ujak, stric

onkulis

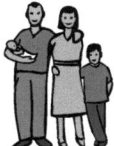

brat

brālis

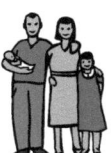

sestra

māsa

telo

ķermenis

čelo
piere
oko
acs
rame
plecs
prst
pirksts
lice
seja
brada
zods
ruka
roka
noga
kāja
grudi
krūtis
ruka
roka

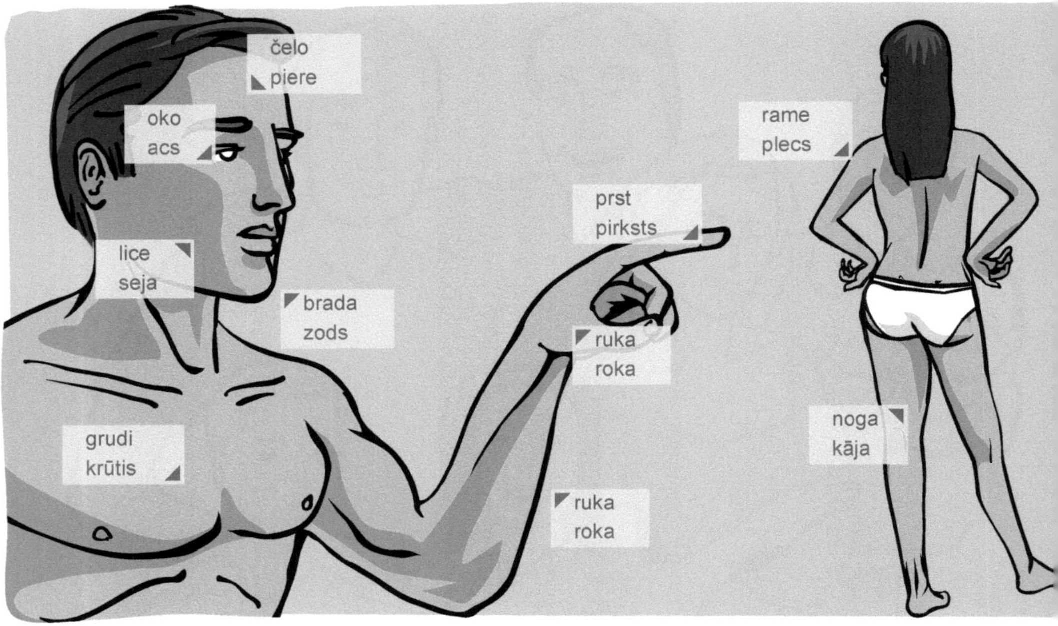

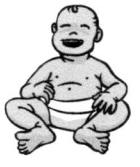

beba
mazulis

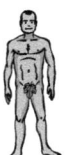

muškarac
vīrietis

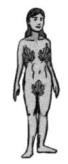

žena
sieviete

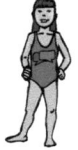

devojčica
meitene

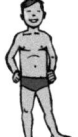

dečak
zēns

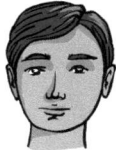

glava
galva

leđa

mugura

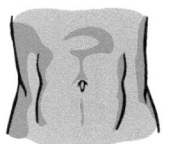

stomak

vēders

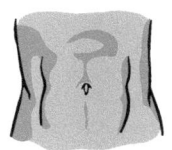

pupak

naba

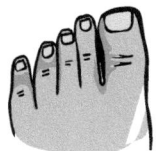

nožni prst

kājas pirksts

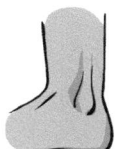

peta

papēdis

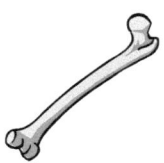

kost

kauls

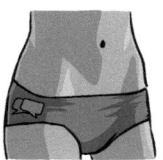

kukovi

gurns

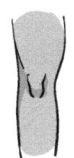

koleno

celis

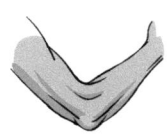

lakat

elkonis

nos

deguns

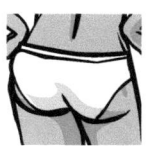

zadnjica

dibens

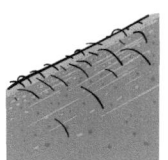

koža

āda

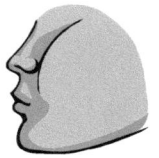

obraz

vaigs

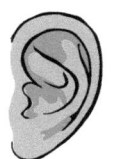

uvo

auss

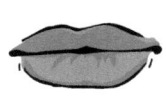

usna

lūpa

usta

mute

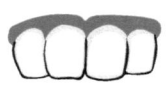

zub

zobs

jezik

mēle

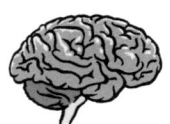

mozak

smadzenes

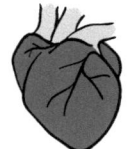

srce

sirds

mišić

muskulis

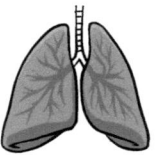

pluća

plaušas

jetra

aknas

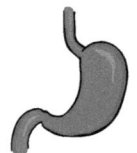

želudac

kuņģis

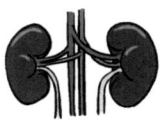

bubrezi

nieres

polni odnos

dzimumakts

kondom

kondoms

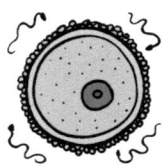

jajna ćelija

olšūna

sperma

sperma

trudnoća

grūtniecība

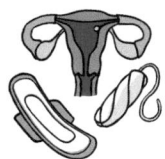

menstruacija

menstruācijas

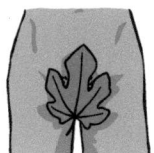

vagina

vagīna

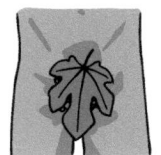

penis

penis

obrva

uzacs

kosa

mati

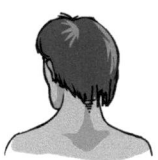

vrat

kakls

bolnica
slimnīca

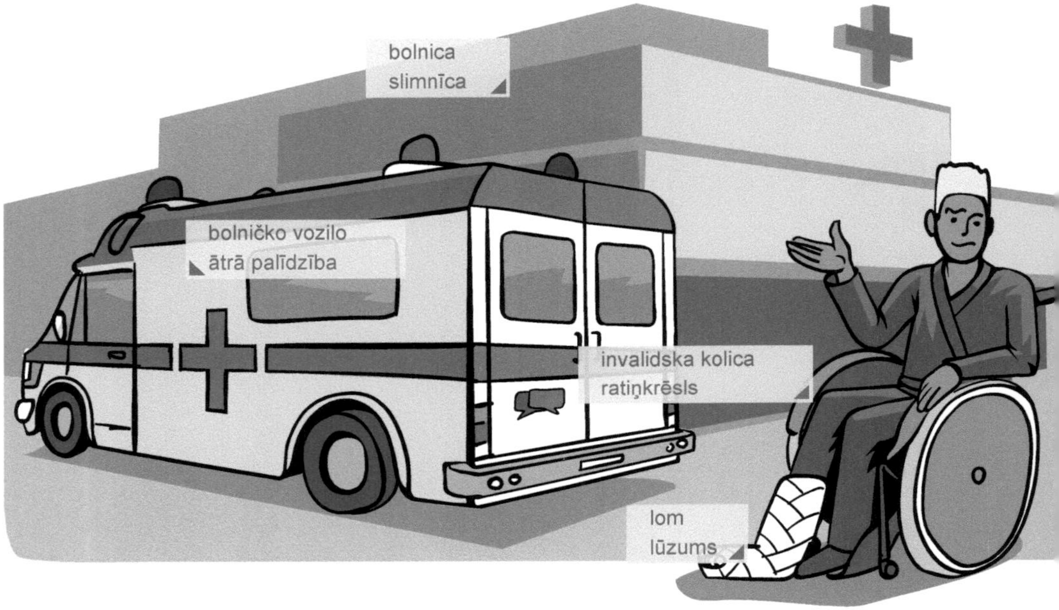

bolnica
slimnīca
bolničko vozilo
ātrā palīdzība
invalidska kolica
ratiņkrēsls
lom
lūzums

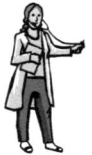

lekar
ārsts

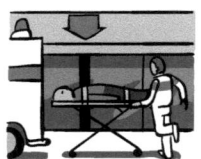

hitna medicinska služba
neatliekamās palīdzības nodaļa

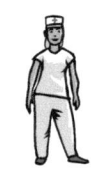

medicinska sestra
medmāsa

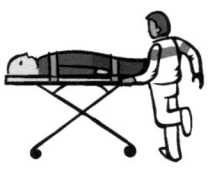

hitni slučaj
ārkārtas gadījums

nesvest
paģībis

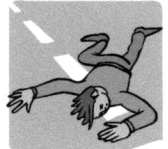

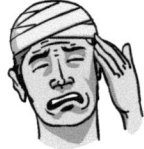

bol
sāpes

povreda

ievainojums

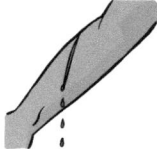

krvarenje

asiņošana

srčani udar

sirdslēkme

udar

insults

alergija

alerģija

kašalj

klepus

groznica

temperatūra

gripa

gripa

proliv

caureja

glavobolja

galvassāpes

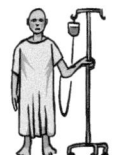

rak

vēzis

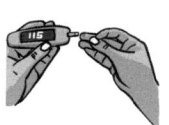

dijabetes

diabēts

hirurg

ķirurgs

skalpel

skalpelis

operacija

operācija

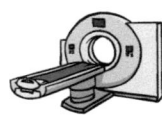

ct
datortomogrāfija

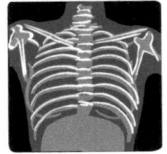

rentgen
rentgents

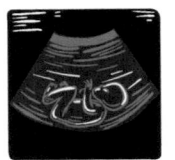

ultrazvuk
ultraskaņa

maska
sejas maska

bolest
slimība

čekaona
uzgaidāmā telpa

štaka
kruķis

flaster
plāksteris

zavoj
apsējs

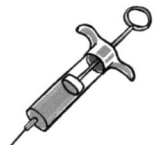

injekcija
injekcija

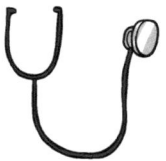

stetoskop
stetoskops

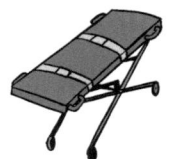

nosila
nestuves

termometar
termometrs

rođenje
dzemdības

prekomerna težina
liekais svars

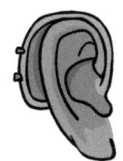

slušni aparat

dzirdes aparāts

sredstvo za dezinfekciju

dezinfekcijas līdzeklis

infekcija

infekcija

virus

vīruss

HIV / AIDS

HIV / AIDS

medicina

zāles

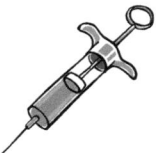

vakcinacija

pote

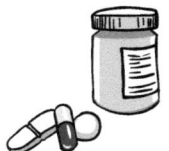

tablete

tabletes

pilula

pretapaugļošanās tablete

hitni poziv

ārkārtas izsaukums

uređaj za merenje pritiska

asinsspiediena mērītājs

bolesno / zdravo

slims / vesels

pomoć!

Palīgā!

alarm

trauksme

nasrtaj

uzbrukums

napad

uzbrukums

opasnost

bīstamība

izlaz u slučaju nužde

avārijas izeja

požar!

Uguns!

protivpožarni aparat

ugunsdzēšamais aparāts

nezgoda

negadījums

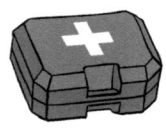

kutija prve pomoći

pirmās palīdzības aptieciņa

sos

SOS

policija

policija

Evropa

Eiropa

Severna Amerika

Ziemeļamerika

Južna Amerika

Dienvidamerika

Afrika

Āfrika

Azija

Āzija

Australija

Austrālija

Atlantik

Atlantijas okeāns

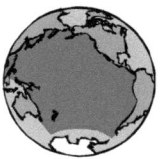

Pacifik

Klusais okeāns

Indijski okean

Indijas okeāns

Antarktički okean

Dienvidu okeāns

Arktički ocean

Ziemeļu ledus okeāns

Severni pol

Ziemeļpols

Južni pol
Dienvidpols

Antarktik
Antarktika

zemlja
zeme

zemlja
zeme

more
jūra

otok
sala

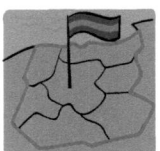

nacija
nācija

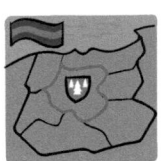

država
valsts

brojčanik sata

ciparnīca

satna kazaljka

stundu rādītājs

minutna kazaljka

minūšu rādītājs

sekundna kazaljka

sekunžu rādītājs

Koliko je sati?

Cik ir pulkstenis?

dan

diena

vreme

laiks

sada

tagad

digitalni sat

digitālais pulkstenis

minuta

minūte

čas

stunda

sedmica
nedēļa

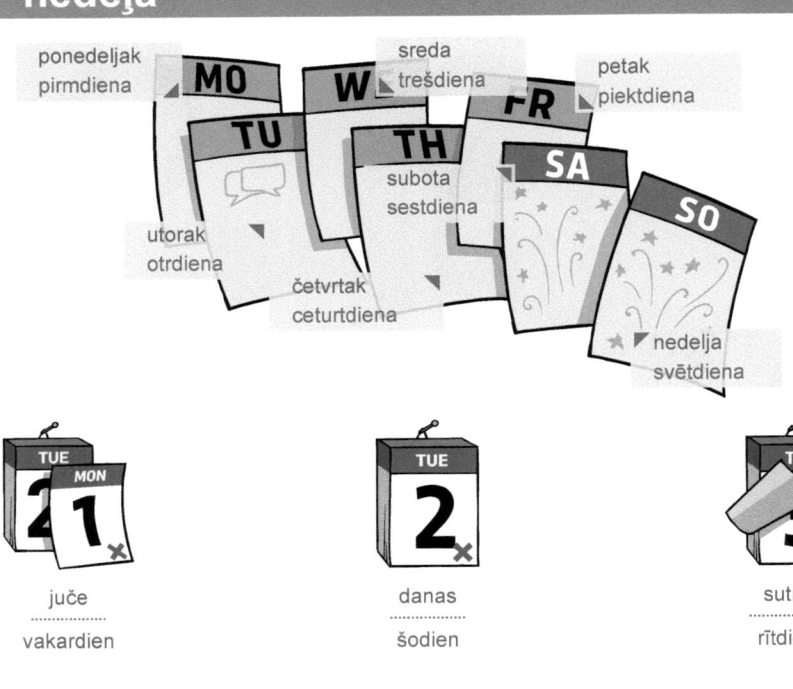

ponedeljak
pirmdiena

utorak
otrdiena

sreda
trešdiena

četvrtak
ceturtdiena

petak
piektdiena

subota
sestdiena

nedelja
svētdiena

juče
vakardien

danas
šodien

sutra
rītdien

jutro
rīts

podne
pusdienlaiks

veče
vakars

radni dani
darbadienas

vikend
brīvdienas

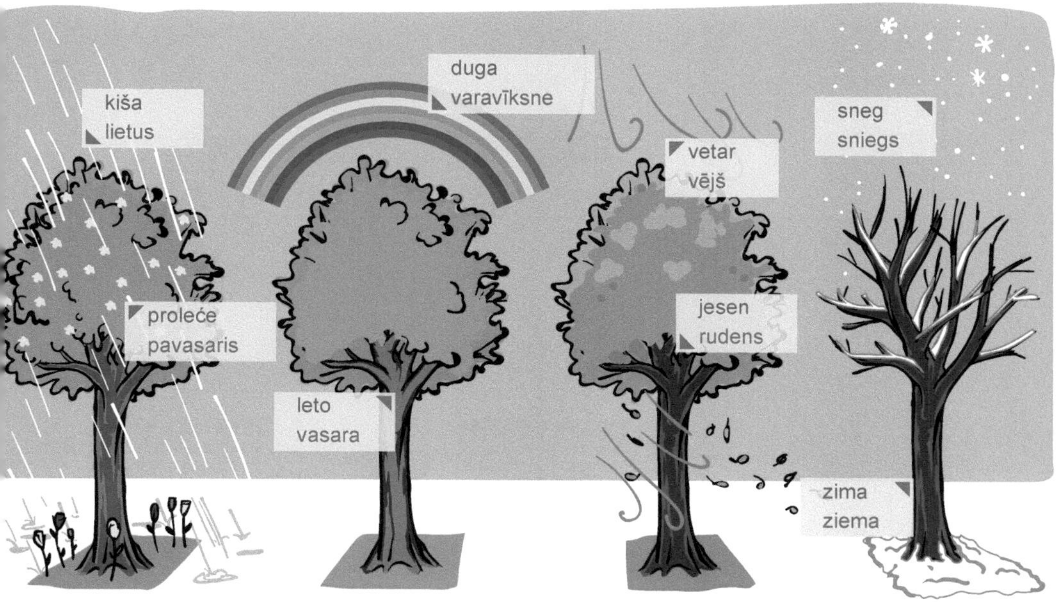

kiša
lietus

duga
varavīksne

vetar
vējš

sneg
sniegs

proleće
pavasaris

leto
vasara

jesen
rudens

zima
ziema

4.APRIL	11°	
5.APRIL	4°	
6.APRIL	13°	
7.APRIL	8°	
8.APRIL	10°	

meteorološka prognoza

laika prognoze

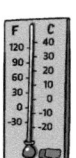

termometar

termometrs

sunčana svetlost

saules gaisma

oblak

mākonis

magla

migla

vlažnost vazduha

gaisa mitrums

munja
....
zibens

grmljavina
....
pērkons

oluja
....
vētra

tuča
....
krusa

monsun
....
musons

poplava
....
plūdi

led
....
ledus

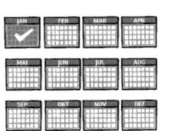

januar
....
janvāris

februar
....
februāris

mart
....
marts

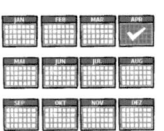

april
....
aprīlis

maj
....
maijs

juni
....
jūnijs

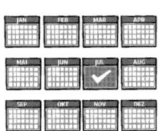

juli
....
jūlijs

avgust
....
augusts

septembar
....
septembris

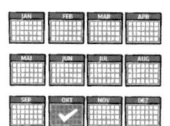

oktobar
....
oktobris

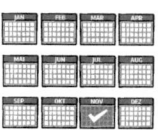

novembar
....
novembris

decembar
....
decembris

oblici
formas

krug
....
aplis

kvadrat
....
kvadrāts

pravougao
....
četrstūris

trougao
....
trīsstūris

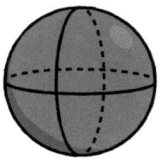

kugla
....
lode

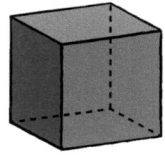

kocka
....
kubs

bela

balts

žuta

dzeltens

narandžasta

oranžs

ružičasta

sārts

crvena

sarkans

ljubičasta

lillā

plava

zils

zelena

zaļš

smeđa

brūns

siva

pelēks

crna

melns

mnogo / malo

daudz / maz

ljutito / mirno

saniknots / miermīlīgs

lepo / ružno

skaists / neglīts

početak / kraj

sākums / beigas

veliko / maleno

liels / mazs

svetlo / tamno

gaišs / tumšs

brat / sestra

brālis / māsa

čisto / prljavo

tīrs / netīrs

potpuno / nepotpuno

pilnīgs / nepilnīgs

dan / noć

diena / nakts

mrtvo / živo

miris / dzīvs

široko / usko

plats / šaurs

jestivo / nejestivo

baudāms / nebaudāms

zlo / dobro

nikns / laipns

uzbuđeno / dosadno

satraukts / garlaikots

debelo / mršavo

resns / tievs

na početku / na kraju

pirmais /pēdējais

prijatelj / neprijatelj

draugs / ienaidnieks

puno / prazno

pilns / tukšs

tvrdo / mekano

ciets / mīksts

teško / lagano

smags / viegls

glad / žeđ

izsalkums / slāpes

bolesno / zdravo

slims / vesels

ilegalno / legalno

nelegāls / legāls

pametno / glupo

inteliģents / dumjš

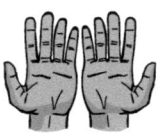

levo / desno

kreisais / labais

blizu / daleko

tuvu / tālu

novo / polovno
jauns / lietots

ništa / nešto
nekas / kaut kas

staro / mlado
vecs / jauns

uključeno / isključeno
ieslēgts / izslēgts

otvoreno / zatvoreno
atvērts / slēgts

tiho / glasno
kluss / skaļš

bogato / siromašno
bagāts / nabags

tačno / pogrešno
pareizi / nepareizi

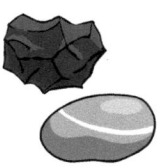

hrapavo / glatko
raupjš / gluds

tužno / sretno
noskumis / laimīgs

kratko / dugo
īss / garš

polako / brzo
lēns / ātrs

mokro / suho
slapjš / sauss

toplo / hladno
silts / vēss

rat / mir
karš / miers

0	**1**	**2**
nula	jedan	dva
nulle	viens	divi

3	**4**	**5**
tri	četiri	pet
trīs	četri	pieci

6	**7**	**8**
šest	sedam	osam
seši	septiņi	astoņi

9	**10**	**11**
devet	deset	jedanaest
deviņi	desmit	vienpadsmit

12

dvanaest

divpadsmit

13

trinaest

trīspadsmit

14

četrnaest

četrpadsmit

15

petnaest

piecpadsmit

16

šestnaest

sešpadsmit

17

sedamnaest

septiņpadsmit

18

osamnaest

astoņpadsmit

19

devetnaest

deviņpadsmit

20

dvadeset

divdesmit

100

stotinu

simts

1.000

hiljadu

tūkstotis

1.000.000

milion

miljons

engleski

angļu

američki engleski

amerikāņu angļu

mandarinski kineski

ķīniešu mandarīnu valoda

hindski

hindi

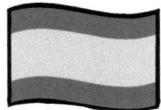

španski

spāņu

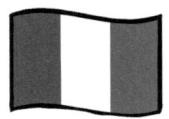

francuski

franču

arapski

arābu

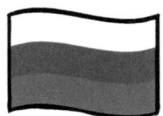

ruski

krievu

portugalski

portugāļu

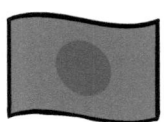

bengalski

bengāļu

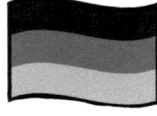

nemački

vācu

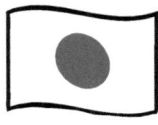

japanski

japāņu

ja
....
es

ti
....
tu

on / ona / ono
....
viņš / viņa

mi
....
mēs

vi
....
jūs

oni
....
viņi / viņas

Ko?
....
kas?

Šta?
....
ko?

Kako?
....
kā?

Gde?
....
kur?

Kada?
....
kad?

ime
....
vārds

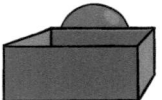

iza

aiz

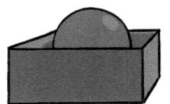

u

iekšā

ispred

priekšā

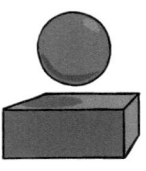

preko

virs

na

uz

ispod

zem

pored

blakus

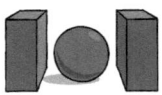

između

starp

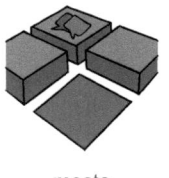

mesto

vieta